Gabriela Vieira de Sá Biason

Ativando memórias transformadoras

Literare Books
INTERNATIONAL
BRASIL · EUROPA · USA · JAPÃO

Copyright© 2023 by Literare Books International
Todos os direitos desta edição são reservados à Literare Books International.

Presidente:
Mauricio Sita

Vice-presidente:
Alessandra Ksenhuck

Diretora executiva:
Julyana Rosa

Diretora de projetos:
Gleide Santos

Capa, diagramação e projeto gráfico:
Gabriel Uchima

Edição:
Luis Gustavo da Silva Barboza

Revisão:
Rodrigo Rainho

Relacionamento com o cliente:
Claudia Pires

Impressão:
Gráfica Impress

Dados Internacionais de Catalogação na Publicação (CIP)
(eDOC BRASIL, Belo Horizonte/MG)

B579a Biason, Gabriela Vieira de Sá.
Ativando memórias transformadoras / Gabriela Vieira de Sá Biason. – São Paulo, SP: Literare Books International, 2023.
14 x 21 cm

ISBN 978-65-5922-498-2

1. Autorrealização. 2. Técnicas de autoajuda. 3. Prática de ensino. I. Título.
CDD 158.1

Elaborado por Maurício Amormino Júnior – CRB6/2422

Literare Books International.
Rua Antônio Augusto Covello, 472 – Vila Mariana – São Paulo, SP.
CEP 01550-060
Fone: +55 (0**11) 2659-0968
site: www.literarebooks.com.br
e-mail: literare@literarebooks.com.br

Agradecimentos

Agradeço a Deus, por ser a Maior Fonte inspiradora de minha vida e que tem me guiado em Seu propósito.

À minha mãe, que sempre riu demais com muitas das minhas histórias e foi a primeira a me incentivar, a escrever estes relatos.

A todos da minha família que sabem o quanto eu sou apaixonada por minha profissão.

Aos amigos que deram tantas orientações e apoio para que esta obra se concretizasse. Em especial, à Priscila de Lima Paulo (@prisciladelimapaulo). Você foi uma peça fundamental para a realização deste projeto, por meio da sua mudança de vida em todos os sentidos, compartilhada comigo no final de julho de 2021. Quando alguém compartilhar algo novo com você, faça como eu: não perca mais a oportunidade!

À Deise Lopes Cichetto Fantin (@deisecichettofantin), minha psicóloga desde março de 2015, pelos anos de caminhada em uma terapia frutífera e encorajadora. Gratidão por todos esses anos! Façam terapia! Cresçam emocionalmente!

À Gisele Cristina de Oliveira Adão (@giselecristinaoliveira54), que me inspirou e me apresentou o caminho da fé, e que por anos caminha ao meu lado. Sei que dentro de você habita um potencial riquíssimo.

E a vocês, leitores, desta primeira obra que escrevo. SEJAM TRANSFORMADOS!

Sumário

PREFÁCIO
Lição de vida, o que é?..7

INTRODUÇÃO..9

Ao ler um livro, desconstrua
os pensamentos limitantes...11

CAPÍTULO 1
A rigidez excessiva não transforma..........................17

CAPÍTULO 2
Fazendo do erro a oportunidade................................29

CAPÍTULO 3
Você só é bom naquilo que investe...........................35

CAPÍTULO 4
Ampliando o campo de visão da profissão............43

CAPÍTULO 5
Propósito e legado..55

Minhas memórias em sala de aula,
trazendo leveza ao dia a dia..................................63

Depoimentos de famílias..73

Galeria de fotos...83

Prefácio: Lição de vida, o que é?

Como diz a própria palavra, "lição" é algo que é possível aprender. Algo que podemos avaliar, refletir e estudar suas particularidades.

Nossa vida é recheada de lições a cada instante. Há momentos de mudanças de ciclos e precisamos estar atentos a essas mudanças.

Lição de vida é uma oportunidade que temos de evoluir. Não pode ser forçado, é um processo de experiência pessoal de cada um de nós. Leremos aqui algumas das histórias emocionantes e hilárias que vivi em sala de aula, e o que eu pude aprender com cada uma delas.

Espero que você que está lendo esta obra possa aprender a sua "lição de vida" e possa, acima de tudo, ATIVAR AS SUAS MEMÓRIAS TRANSFORMADORAS!

O tempo todo somos observados, então, que a nossa experiência seja um agente transformador de vidas em situações adversas, para que possamos avançar aos novos níveis que já estão reservados para as nossas vidas.

"Bons professores educam para uma profissão, professores fascinantes educam para a vida".
Augusto Cury, no livro *Pais brilhantes e professores fascinantes.*

Introdução

A proposta desta obra não é romantizar o trabalho do professor em sala de aula, visto que já sabemos o quão desafiador é. O magistério público no Brasil e até mesmo a educação privada precisam de reajustes financeiros, piso salarial digno, estrutura multidisciplinar e suporte emocional tanto aos profissionais da educação, bem como para os alunos.

Diante desse quadro, nós, educadores, estamos vivenciando uma pós-pandemia, que ainda reflete em todos os aspectos de nossas vidas e na sociedade. A questão da saúde ainda é muito séria, consequentemente, trouxe diversas reflexões para as nossas vidas.

É hora de nós, educadores, compreendermos o nosso valor e acreditarmos nas possibilidades que existem diante de nós. VOCÊ E EU NÃO TEMOS APENAS UMA ÚNICA OPÇÃO NA VIDA! Existem diversos caminhos diante de nós! Precisamos reprogramar a nossa mente para o NOVO. Fazer das experiências de anos em sala de aula um novo direcionamento para o nosso futuro pessoal como educadores.

Mas algo é fundamental: VOCÊ E EU FAZEMOS ESCOLHAS TODOS OS DIAS! Enquanto você estiver na sala de aula, HONRE A SUA MISSÃO. Plante, semeie o seu legado, e aí, sim, com uma vida frutífera, você vai avançando em novos níveis sua vida profissional e pessoal.

Eu acredito em você, professor. Sei que tanto eu quanto você precisamos respirar fundo na maioria das situações em sala de aula. Não somos perfeitos. Eu não sou perfeita. Erramos muito. Mas aprendemos sempre! Sei bem que você precisa de um novo ar. Sei que você precisa de uma pausa.

Mas jamais desacredite do seu valor. É mais que cumprir a grade curricular. É mais que uma folha de pagamento, é mais que um holerite. Você e eu merecemos o melhor. Acima de tudo, gere vida ao seu redor, aprenda novas coisas, aprenda coisas muito diferentes. Mantenha seu cérebro ativo, aprenda a empreender.

Mas deixe seus rastros pelo caminho. Pelos lugares por onde passar, deixe a sua marca! Deixe a sua vida fluir como um rio na vida de seus alunos. Construa pontes novas em sua vida, mas deixe a boa base de princípios e valores semeados em cada sala de aula onde atua. Você vai colher esses frutos, porque a Lei da Semeadura é clara e verdadeira.

Agregue reflexão e experiência em tudo o que fizer em sala de aula. Aprenda com seus erros. Se a sua escolha, nesse momento, é atuar em sala de aula, faça-a plenamente. Faça o seu melhor diante da situação que se tem, com o melhor que há em suas mãos. FRUTIFIQUE!

Você, professor, pode marcar vidas e gerações!

Gabriela Biason

Ao ler um livro, desconstrua os pensamentos limitantes

Antes de iniciar a leitura das minhas memórias de sala de aula, rompa as barreiras do preconceito e da crítica. Nesta obra, relato algumas das diversas experiências que vivi, e creio que ainda escreverei muitas outras. Talvez, você pergunte: "Gabriela, você teve vitórias em todas elas?", "Todas deram certo?" ou "Nossa, quem vê, pensa que é fácil!". Grande parte não foi fácil. Foi muito difícil, mas não impossível. Atualmente, vivo uma experiência desafiadora em sala de aula, e creio que, no tempo certo, vou testemunhar isso em outra obra literária.

Há histórias de alunos que não sei o final, pois são muitos anos atuando em sala de aula, e a cada ano convivo com novas turmas. Mas eu procuro focar não apenas no resultado imediato, mas, sim, na boa SEMEADURA que fiz na vida desses alunos. Acreditando que um dia, mesmo a longo prazo, essa semeadura vai frutificar e agregar novos valores e princípios à vida de cada aluno e família. Nem sempre, como professor, você vai contemplar o resultado que tanto deseja no mesmo ano letivo em que atua com esse aluno ou turma. Pela fé, você precisa crer que seu trabalho não é em vão, e que, sempre, uma semente fica plantada na mente e no coração de cada vida que passa por sua trajetória docente. Não invalide a sua missão de educar, não despreze o que você transmite a cada aluno, pois a própria vida se encarregará de trazer os seus resultados.

Não foque no difícil. "Ah, o caso desse aluno nunca terá jeito". Pare de lançar essas palavras contrárias. Faça o seu melhor. Semeie vida!

Isso não quer dizer que você, professor, tenha que concordar com tudo o que acontece, que precise vencer tudo na força do seu braço, à sua maneira, se desgastando. Conte com o apoio da sua gestão escolar. Não é possível vencermos sozinhos. Precisamos agir sempre em equipe em uma escola.

Há situações em que, além da gestão escolar, o suporte de encaminhamentos de ordem psíquica e terapêutica precise ser feito, até mesmo supervisão escolar e conselho tutelar. Se já fui agredida por aluno em sala de aula? Sim. Verbal e fisicamente. Maltratada por pais de alunos? Sim. Criticada? Sim. Situações embaraçosas? Sim. Mas sigo olhando para o horizonte maior e infinito, no caminho do perdão e do amadurecimento de minhas atitudes. Aí, a minha missão continua significativa e não um mero protocolo.

Então não é romantismo, mas olhar para aquilo que já deu certo e trazer isso como uma verdade futura e esperançosa para os casos que, aos olhos humanos, você ainda não contemplou. Mude a sua visão!

Viva! Não é tão ruim perder!!!

Foi assim, com essa frase, que eu tive uma das maiores experiências da minha vida em sala de aula. No início do ano letivo de 2011, feita a atribuição de classes para professores eventuais, essa sala do 4º ano do ensino fundamental já tinha passado em um mês por três professores. Os professores ficavam no máximo de três a cinco dias e desistiam. Eu seguia aguardando ser convocada na lista de atribuição.

Pois bem, chegou ao meu número da lista. Tinha essa sala do 4º ano e uma outra sala da educação infantil em outra escola. À tarde, já atuava há algum tempo em uma escola particular de educação infantil. Na hora, escolhi a sala do 4º ano do ensino fundamental. Nesse momento, vi os supervisores se entreolhando e me disseram:

"Gabriela, é o seguinte... Essa sala já passou por três professores em um mês de aula... Os professores desistiram por causa do comportamento dos alunos... Estamos torcendo por alguém que não desista dessa vez" (nesse instante, me contaram fatos gravíssimos e eu fiquei assustada!). Ao final da conversa, eu disse: "Eu vou ser a professora deles neste ano até o fim!".

Realmente, quando cheguei àquela escola e àquele bairro, já travei ali mesmo! Próximo à linha de trem, que no caso aqui é em Assis, ainda na época era para levar pequenas cargas, lá eu via crianças de nove a 12 anos pulando no trem, e se agarrando a ele enquanto passava. Lembro-me de gritar: "Para com isso, é perigoso! Vocês irão morrer!".

Na mesma hora, passou um filme em minha cabeça. No ano de 2008, eu havia pegado uma sala de aula na atribuição com um comportamento muito difícil, mas que, em pouco tempo, foi se ajustando, entre 2009 e 2010, eu fiquei com essa turma por dois anos, sendo a professora de uma mesma sala de aula, então tive tempo para conquistar o coração desses alunos. Tinha experiência com comunidades carentes, crianças em situação de risco, mas nem fazia ideia do que me aguardava... Meus pais, temerosos, insistiam comigo: "Pelo amor de Deus, Gabi, desiste dessa sala!".

E eu sempre falava: "Mas já amo eles, não consigo! Eu acredito neles!". Um dia era pior do que o outro. Carteiras jogadas, rasgavam caderno, me xingavam, apelidos horríveis me deram, certa vez, esconderam meu RG, canivete em sala de aula, na reunião de pais, eu confesso que tinha medo da grande parte das mães que vinha à escola, apontando o dedo para mim, estufando os peitos, fumando em excesso. Fizeram um livrinho do símbolo da revista Playboy e palavras obscenas comigo, meu Deus! Eu já estava esgotada no início do ano...

Eu pegava dois ônibus circulares para chegar a essa escola, às 6h45 da manhã. Às 7h00, batia o cartão de ponto. Ficava extremamente ansiosa, mas falava: "Não vou desistir!". Preparava tudo com muito carinho, limpava as carteiras deles sempre antes de chegarem, não faltava. Mesmo dando aula de forma criativa, parecia tudo em vão.

Chegou o mês de campeonatos de queimada entre as escolas. Minha sala foi convocada, mas já se via nitidamente que seria complicado. Mal começava a educação física, a agressividade era grande!

Nesse dia, agentes escolares, estagiários e professores de educação física da escola levaram os alunos de ônibus escolar para as competições e eu fiquei na escola cumprindo o meu horário. Foram uns dois ou três dias de revolta dessa minha turma. Quando minha turma perdia, partia para cima do time adversário, envergonhava a escola, xingava sem fim os outros times, totalmente agressiva... Uma das vezes, além de bater nos outros alunos, até queimou alguns com bituca de cigarro que levara escondido. Podia-se suspender os alunos, chamar os pais; situação complicada... No último dia de campeonato, percebi a ira dos alunos antes de irem... Falavam que iriam acabar de vez com o outro time se perdessem novamente, e os palavrões eram terríveis.

Falei no meu coração: "Preciso de uma estratégia!". E, na hora, rapidamente disse: "Me escutem, fiquem quietos, parem de ser tontos. Vou ensinar um segredo para vocês!". Por incrível que pareça, eles resolveram me ouvir!

"Atenção, se vocês ganharem, vão comemorar e agradecer. Mas se perderem, vocês farão isso: OBA! UHUULL, NÓS PERDEMOS! VIVA! UHULLL, PERDEMOS! ALELUIA! Vocês não podem dar bola para isso, façam dessa forma e rapidamente a derrota será esquecida."

Acabei de falar, e instantaneamente me olharam irados: "Tá louca, professora, é louca da cabeça? Que mané ficar feliz em perder!". E assim, mais palavrões... Revolta...

Foram para o campeonato, e eu pensei: "Deus do céu, de onde eu tirei essa ideia? E agora, me ajuda, me ajuda, Senhor!". Aquela espera por eles na escola parecia uma eternidade.

Dali a um tempo, escuto passos no corredor; nem me levantei, fiquei quieta em minha mesa na sala de aula. Entraram sérios, quietos e de repente: "OBA! UHUULL, NÓS PERDEMOS! VIVA! UHULLL, PERDEMOS! ALELUIA!". Eu vi esses meus alunos sorrindo!!! Gritando de emoção!!! Mas eu estava estática. "Professora, fizemos do jeito que você falou. O pessoal achou que a gente era louco por comemorar a nossa derrota, mas fizemos o maior sucesso e logo esqueceram que a gente tinha perdido, viva!!!"

Eu disse: "Vocês não perderam. Vocês aprenderam a lidar com a situação com bom humor, não deixando o sentimento de derrota dominar vocês".

"Professora Gabi, até que não foi tão ruim falar que perdemos, tô me sentindo bem, é inacreditável", disse um dos meus alunos.

A partir dali, nosso vínculo começou a se estabelecer. Tínhamos uma longa jornada pela frente, mas veio uma "leveza" na sala de aula. Inexplicável!!!

No meu coração, eu só sabia agradecer a Deus, pois eu tinha fé de que havia uma missão ali.

Comecei a trabalhar duas palavras-chaves com eles: PARCERIA e UNIDADE. Foram tantas experiências que meu coração, cada vez mais se achegava a essa turma, e no final do ano é que pude colher alguns frutos, pois tudo o que fazemos é uma semeadura.

Essa foi uma das histórias contadas aqui... Aprenda a trazer leveza para o seu cotidiano, e não se prenda à rigidez dos comportamentos e das palavras.

CAPÍTULO 1

A rigidez excessiva não transforma

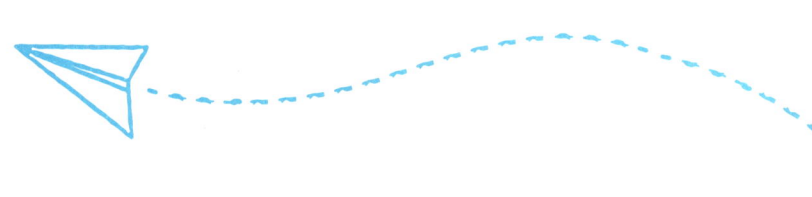

O que você entende por rigidez?
Interessante pensar que muitos de nós carregamos esse "bloqueio" da rigidez em nossa prática pedagógica, e por quê?

Porque, de forma inconsciente, muitas vezes pensamos que isso é ter autoridade, mas, não, isso é autoritarismo. Você, quando tem autoridade de verdade, não precisa "forçar" isso, pois impõe respeito por suas atitudes com todos a sua volta. O seu testemunho é a maior ferramenta para manifestar sua autoridade.

Autoritarismo é diferente. É quando queremos impor algo na marra, quando queremos provar para alguém que quem manda somos nós. No autoritarismo, não há espaço para o diálogo, não há espaço para a empatia e para mais nada.

Pode-se até manter a sala de aula bem quietinha com autoritarismo, mas transformação de vidas jamais, porque a rigidez em excesso não transforma, mas TRAVA TALENTOS, causando, assim, um ciclo de bloqueios emocionais.

A rigidez excessiva está em sua maioria interligada a algumas questões como:

- ideia errada de liderança;
- baixa autoestima;
- estresse e ritmo de trabalho;
- perfeccionismo;
- desalinhamento com seu propósito de vida.

Vamos refletir sobre cada uma dessas questões. Olhe para dentro de si, este livro tem sentido se você está aberto a mudanças que venham gerar crescimento nessa e em outras áreas de sua vida.

Ideia errada de liderança: entenda que todo professor ou profissional da educação precisa desenvolver um traço forte de liderança. Ser líder não é mandar e desmandar, não é ditar ordens e regras sem fim. O líder é um ser humano capaz de influenciar o seu grupo de maneira positiva. Ser líder é inspirar a outros com suas atitudes. Um grupo, seja de adultos ou crianças, segue um verdadeiro líder porque esse líder, todos os dias, manifesta o seu propósito, a sua luz resplandece naturalmente, ele não tem dúvidas do que está fazendo.

Você quer ver seus alunos transformados além de escolarizados? Quer seus alunos transformados para conquistarem e serem vencedores em suas vidas? Pois bem, ser líder é mais do que transmitir conteúdo. Você precisa pulsar vida plena!

A rigidez excessiva trava a aprendizagem de qualquer ser humano. Faça perguntas aos seus alunos, dê espaço para perguntas também. Pare de ficar preso às perguntas esperadas de um conteúdo dado, mergulhe mais fundo no conhecimento, promova que eles façam perguntas uns aos outros.

É como tirar um cabresto da visão, entende? As crianças precisam perceber a sociedade em que estão inseridas todos os dias. Rigidez excessiva trava o desenvolvimento cognitivo, intelectual, social e emocional da criança. Ela precisa aprender a questionar, a jogar para fora seus medos e suas certezas, precisa aprender princípios e valores em grupo, e não só camuflar um bom comportamento.

Baixa autoestima: quem é você que está lendo meu livro? Quem é em sala de aula? Quem é quando está sozinho, longe dos olhos de todos?

Só tem autoestima verdadeira e frutífera quem realmente sabe QUEM É! Vivemos em uma sociedade robotizada: acordar cedo para trabalhar – voltar tarde para casa – trazer trabalho para casa – viver cansado – ganhar meu salário base no final do mês. Dessa forma, é impossível ter autoestima frutífera. E por que frutífera? Quando você está bem consigo, MANIFESTA O MELHOR DE SI EM QUALQUER LUGAR E SITUAÇÃO. O melhor que há em você, a potencialidade que há em você, ela explode como uma dinamite, mas não traz destruição, traz VIDA, E VIDA EM ABUNDÂNCIA.

O que tem roubado sua autoestima? Você está bem com você mesmo? Você se admira? Quem é você na sala de aula? Ajuste a sua rota. Cuide bem de você, faça primeiro por você, e aí seu propósito fluirá como um rio.

Se acontecimentos em sua infância ou algum trauma específico têm sido como um "fantasma" bloqueando sua autoestima, não se deixe vencer. Há oportunidade de você se autoconhecer e dar um basta nisso em sua vida. Porque quem tem autoestima baixa será inseguro em sala de aula, seja com crianças ou adultos. A insegurança gerada pela autoestima é como uma "fuga" para você não clarificar seu propósito em suas palavras e ensinos. Com isso, você prefere ser "muito rígido", porque aparenta estar muito bem em sua profissão. A insegurança é tão grande que, quanto mais rígido você for, mais seu cérebro o engana, dizendo que você "está no controle da situação".

Estresse e ritmo de trabalho: que o professor trabalha demais, isso todo mundo já está cansado de saber. Mas e se você, excelente professor, aprender a desfrutar da sua missão e do seu propósito? Você acharia isso possível?

Todo estresse acumulado vai gerar enfermidades físicas e emocionais. É como carregar um peso excessivo todos os dias, um dia isso explode, e você só passa a se rastejar...

O que realmente gera estresse em sua vida? Ritmo de trabalho, carga de aulas, trânsito, salário baixo? Isso bloqueia você. Traz um desgosto que você não gostaria de ter, mas foi gerado automaticamente.

Quanto mais buscar por trabalho, mais trabalho vai ter. Busque o seu propósito e desfrute dele, que você vai colher. Não viva como uma bola de neve. Uma coisa leva à outra, uma dificuldade se arrasta na outra. O estresse, perdurado há tempo, rouba seu brilho. Ninguém é igual a você! Você é único! Mas o estresse nos faz perder a admiração pela vida. Com isso, você traz rigidez e punição em suas atitudes em sala de aula, a rigidez se estende até no relacionamento com seus amigos e familiares, porque você está tão cansado que não há prazer para aprender algo novo.

Perfeccionismo: a pessoa perfeccionista tem o comportamento característico de, a todo tempo, querer realizar tudo à sua maneira, de modo ultraperfeito, fazendo com que ela esqueça que é humana, passa a ser um indivíduo esplêndido, que "nunca erra em nada". Se algo sai da rotina, é como se fracassasse. Pois bem, em sala de aula ou plataforma de ensino, seja com adultos ou crianças, a organização e rotina leve, saudável e objetiva são excelentes para alcançar a meta e bons resultados de aprendizado. Mas aquela rotina inflexível que, diante de uma situação, perde a oportunidade de aprender e ensinar, ela é morta, é só ritual.

O perfeccionismo nos "mata" diariamente, e por quê? O nível de cobrança sobre si mesmo e sobre as pessoas à nossa volta causa desconforto e não aquela sensação de estarmos perto de uma pessoa agradável. Se você, como educador ou profissional de ensino, cobra intensamente seus alunos a ponto de não gerar neles a autonomia para arriscar um comentário ou uma resolução de problemas, você só está pondo uma "carga pesada" sobre eles e um tipo de carga que não acrescenta "vida" ou "sentido" no que se faz.

A busca pela "perfeição" é uma influência negativa tanto para o educador quanto para o aluno. Jamais confunda "perfeccionismo" com "EXCELÊNCIA". A excelência manifesta vida, se faz o melhor que se pode com o que se tem, diante das mais diversas situações. A excelência aprende e aplica princípios transformadores. O perfeccionismo é só ligado agressivamente às regras.

Por isso, o perfeccionista será sempre muito rígido consigo próprio e com os outros. Os alunos obedecem por medo e obrigação, não é como a excelência que gera admiração. Lembre-se: A RIGIDEZ EM EXCESSO NÃO TRANSFORMA.

Desalinhamento com seu propósito de vida: você foi criado para um propósito muito maior e eterno. O seu propósito é ser transformado todos os dias para transformar vidas. Acompanhe a leitura deste livro até o fim, porque teremos mais detalhes sobre essa reflexão do nosso propósito de vida.

A palavra desalinhar traz a ideia de algo não estar na engrenagem certa. Você precisa estar engrenado com seu propósito. Porque quando temos a certeza de que nascemos para ensinar, para ser um profissional da educação, seja diante de crianças ou adultos, em salas de aula ou plataformas, seja o que for, se você entende que seu propósito de ensinar não é meramente conteúdo, mas vida, sua alegria será restituída. Vença suas crenças limitantes. Vença a ideia de que aprendeu algo assim e vai ser assim para sempre. Como você vai ensinar? Como você quer ensinar? Ao se alinhar com seu propósito e vencer as barreiras, a rigidez excessiva não vai dominá-lo. Pelo contrário, você vai atrair os seus alunos.

REFLITA AGORA:

1 – Quando você corrige um aluno com rigidez excessiva, por que você o faz? O que o incomoda nesse aspecto para que o comportamento desse aluno domine você emocionalmente?

_____
_____
_____
_____
_____
_____
_____
_____

Você precisa pulsar vida plena!

Exercite seu cérebro – potencialize as suas palavras:
Escreva com suas palavras o que mais chamou a sua atenção neste primeiro capítulo e por que você vai continuar a ler este livro até o final.

_____
_____
_____
_____
_____
_____
_____
_____

Quase quebrei a minha mão!

Comecei a dar aula no ano de 2007, mas nem tanto, porque nesse mesmo ano fiz uma viagem missionária para Angola, na África, por 30 dias e investi um tempo grandioso na preparação do projeto como missionária e pedagoga (assunto para um próximo livro), e depois algumas palestras compartilhando minha viagem, mas a partir de 2008 ingressei firmemente.

Tive uma experiência difícil nessa sala de aula também. Estava impossível virar as costas por um segundo, todo tipo de mau comportamento acontecia, muitas brigas na sala de aula entre os alunos, mesmo ali na faixa de dez a 12 anos.

E, em um certo dia, eu perdi literalmente a linha, a cabeça, dei o maior grito, o maior berro que já dei na minha vida: "CHEGAAA!!! CHEGA DESSA BAGUNÇAAAAA!!!!!! CHEGA!" E, assim, finalizei, batendo tão, tão forte a minha mão na mesa, que na hora pensei: "Fiquei sem mão!", que dor indescritível, a mão, em pouco tempo, a lateral, completamente roxa, quebrei uma régua, e ainda eu tinha um livro de capa dura do Smilinguido, que tinha várias lições de vida, eu arranquei toda a capa do livro, com a raiva que senti.

Não produziu nenhum fruto de justiça ou algo benéfico a minha ação e, ainda por cima, o mesmo comportamento deles continuou. Foi aí que aprendi uma lição sobre a qual ainda reflito.

"Somos nós quem devemos nos dominar diante das circunstâncias e não elas nos dominarem." E assim prometi, a mim mesma, nunca mais agir daquela forma. E a inteligência emocional, muita leitura, terapia, autoavaliação foram me fortalecendo emocionalmente e me dando uma segurança em sala de aula tremenda.

No outro dia, pedi perdão e desculpas pela forma agressiva que agi perante eles, não fiquei me justificando, me expus completamente, mostrei minha vulnerabilidade, fácil não foi, não, mas mostrei o resultado da ira: mão inchada e roxa, régua quebrada e capa do livro do Smilinguido estragada. E que, além disso, não foi produtivo para ninguém e ainda fui embora estressada e triste.

Eles ficaram quietos, olhando em silêncio, não falaram nada. E o ano continuou desafiador...

Eu chegava mais cedo e limpava as carteiras sujas. Mesmo que os funcionários limpassem diariamente, parecia não ter fim esse costume deles, de estragar e sujar as carteiras... mas isso, tão trabalhoso, era uma pequena luz a brilhar no final do túnel.

Certa vez, foram para a aula de educação física, já haviam me arrepiado os cabelos com a bagunça. Quando eles saíram, rapidamente colei um bombom embaixo da cadeira de cada um, limpei as mesinhas e deixei um bilhete colado.

Voltaram todos suados, gritando, já brigando uns com os outros, se sentaram em suas cadeiras, liguei o ventilador para eles se refrescarem, começaram a ler, cada um o seu bilhete, uma mensagem positiva sobre eles, dizendo o quanto eles eram importantes para mim.

De repente, um aluno passou a mão embaixo da cadeira e achou um bombom, intrigados, todos começaram a passar a mão embaixo de suas carteiras e acharam seus bombons, um sorriso em cada aluno ia se abrindo... Comeram, acharam delicioso, e uma aluna me perguntou:

"Professora, por que você fez isso se a gente não mereceu?".

E respondi: "Eu não fiz isso porque vocês merecem. Eu fiz isso pelo valor que vocês têm para mim. Eu tenho uma fé muito grande em Deus, e penso que nenhum de nós merecia o sol brilhando todos os dias, um céu lindo, acordar, viver, e Deus sabendo que erramos todos os dias, Ele continua nos amando e se importando verdadeiramente com as nossas vidas. Esse bombom é um gesto, é um sinal, que eu tenho um carinho enorme por vocês e acredito no potencial de cada um, que tem coisas boas guardadas no coração de vocês".

Vi aqueles olhinhos me olhando, pensativos... Jogaram o papel do bombom no lixo, e ali mais uma porta foi se abrindo para a construção do vínculo professor-aluno. Porque eu acredito numa missão extraordinária de incentivar pessoas antes de ativar conteúdos programáticos.

CAPÍTULO 2

Fazendo do erro a oportunidade

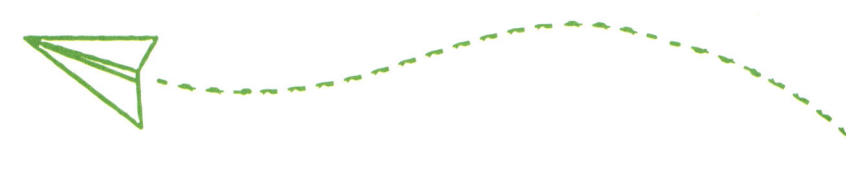

Para ativar um propósito transformador com seus alunos e em sua prática de ensino, um princípio é indispensável: a HUMILDADE.

Todos nós precisamos ser humildes para termos sucesso em todas as áreas de nossas vidas. Avaliar uma atitude, refletir sobre o mau uso de uma expressão, de uma palavra com seu aluno, não é motivo de vergonha. É motivo de honra. É uma forma do seu aluno aprender com você, enxergar a sua pessoa com um novo olhar! Ao longo de nossas vidas estamos em uma jornada de desenvolvimento pessoal, não somos como um robô, ou algo sem sentimentos.

Ser humilde é transmitir humanidade, e não ficar reproduzindo um produto em série. Estamos falando de vidas e não de máquinas.

O que mais ensina é o que mais aprende e o que mais aprende é aquele que é mais humilde, porque está em constante autoavaliação de suas atitudes. Você pode ter mestrado, doutorado, MBA, infinitas pós-graduações e licenciaturas, ter informações e conhecimentos armazenados em seu cérebro, mas saiba que ninguém consegue aprender com um ser humano orgulhoso e prepotente, porque isso afasta qualquer vínculo mínimo de aprendizagem.

Por isso, conforme o título deste capítulo: FAÇA DO ERRO A SUA OPORTUNIDADE. Ganhe seu aluno diante de um erro. Não afaste o aluno de você. Isso bloqueará a aprendizagem dele.

Professor erra, professor é humano. E corrigir o seu erro diante de seu aluno ou de sua sala de aula não enfraquece a sua liderança, mas potencializa as mais belas feições do seu caráter.

Se você, diante das atitudes diárias em que está exposto perante as pessoas, não está aberto a ser humilde, acaba apenas sendo uma "apostila ambulante". É só um depósito de letras e mais letras. Não há vida no seu ensinamento, tampouco a sua prática pedagógica reflete o melhor que há em si.

Se toda a energia gasta com murmuração de salário, preconceito, insatisfação na carreira e o próprio orgulho fosse CANALIZADA para a autotransformação, você e eu avançaríamos cada vez mais no caminho da humildade.

Se você, educador, tem errado frequentemente nas mesmas coisas, por que não redireciona esse mau uso da sua energia para o conhecimento que possa auxiliá-lo à uma prática diferente?

CANALIZE A SUA ENERGIA, EDUCADOR!

Se aprendemos que a energia é a capacidade gerada em nós para produzir vida, trabalho, ou gerar força no cumprimento de um propósito, você e eu não podemos perder tempo, gastar energia fora do que é para gerar vida.

Invista em autoconhecimento, invista em autovalorização, invista em refletir, o porquê dos mesmos erros o afastarem da sua verdadeira humildade, e assim você será revigorado. Consequência: vai parar de errar nas mesmas coisas. Vai evoluir! E toda a evolução afeta todas as áreas de nossas vidas. É uma energia positiva sendo irradiada com *flash* de luz para todas as direções.

Faça do erro a sua oportunidade hoje e sempre! É você, educador, quem promove a sua oportunidade a cada circunstância.

REFLITA AGORA:

1 – Você já corrigiu um erro seu, uma atitude errada que você como professor teve com seu aluno? Traga a memória neste momento, como foi para você se desculpar e admitir a sua atitude errada.

___

2 – Qual foi o resultado que você colheu com essa atitude? Trouxe algum alívio, satisfação ou aprendizado em sua vida?

___

Todos nós precisamos ser humildes para tornar-nos bem-sucedidos em todas as áreas de nossas vidas.

Exercite seu cérebro – potencialize as suas palavras:
Vá diante do espelho ou grave na câmera frontal do seu celular, e diga de forma sincera em voz alta:

"A cada dia, quero ser uma pessoa humilde. Quero aprender com meus erros. Quero fazer dos meus erros oportunidades. Quero refletir sobre as minhas atitudes diárias. Ser humilde não é sinal de fraqueza, mas de humanidade."

CAPÍTULO 3

Você só é bom naquilo que investe

Quando finalizamos a Faculdade de Pedagogia e iniciamos na sala de aula, é comum aquele "frio na barriga", o frio de aplicar e o que fazer na prática com as nossas teorias.

Na época da faculdade, de 2004 a 2006, eu trabalhava, tinha os estágios e havia iniciado com o meu primeiro aluno particular, que foi uma grande experiência. Depois, no último ano, em abril, maio de 2006, fiquei apenas no estágio e com o aluno particular, pois estava naquele ritmo da famosa "monografia". Mas algo que eu amava era participar durante as tardes no laboratório de Pedagogia da minha universidade. Que, por sinal, estudar ali, diante das condições financeiras da minha família, era algo, aos olhos humanos, impossível. Foi um tempo de muita renúncia.

Encarei com muito profissionalismo o meu estágio e esse meu primeiro aluno particular, como já sendo uma profissional formada. Já estava com essa mentalidade, e isso fez total diferença em minha carreira. Assim, fui me dedicando ao máximo, observando e aprendendo. Isso já gerava em mim um potencial único. Já fazia com excelência, mesmo não sendo a titular de uma sala de aula.

De 2007 a 2011, atuei no ensino fundamental e infantil municipal como eventual. Entre 2009 e 2011, na escola particular em contraturno na educação infantil. De 2012 a 2014, na creche – berçário em Londrina, Paraná, e de 2015 até o início de 2017, novamente como eventual na rede pública, e no outro período na escola particular. Só efetivei na Prefeitura Municipal de Assis, no ano de 2017 e na escola privada permaneci até 2019. O que quero dizer para você, com esse resumo da minha trajetória, é que desde o início eu fazia o melhor. Fiz muitos concursos, em minha cidade e em outras também. Mas sempre atuando com compromisso, e isso gerou uma marca pessoal. Entenda que você precisa deixar a sua marca por onde passa.

Lembro-me das pessoas dizendo: "Mas como você vai aceitar dar aula pra tal turma? Você ainda não tem experiência...". Então eu aceitava tudo, desde a creche até a educação de adultos. Eu via aquilo como oportunidade. Ia com medo, mas, ao mesmo tempo, buscando aprender com outros e com muito estudo e pesquisa. Por isso, aceite o desafio! Você precisa criar a sua própria oportunidade! Deve ter novas experiências! Busque informação, vire noites tentando aprender e se esforce, você vai se desenvolver!

Isso gerou muita bagagem e experiência, nas mais diversas situações em sala de aula. Melhorou a minha oratória e, acima de tudo, a minha didática se destacou!

Cada educador tem uma didática única! Não tem como um ser humano ser criativo se ele não se abre para o novo. Como escuto tantos professores dizendo que não têm "criatividade". Nem vão ter, se ficarem presos somente à material didático. Você pode ir além!

Enquanto o seu recurso for somente "Ctrl+C e Ctrl+V", o famoso "copie e cole", não manifestará a sua identidade e didática única em sala de aula. Aprenda com bons exemplos e grandes talentos, mas não se esqueça: "HÁ TESOUROS ESCONDIDOS DENTRO DE VOCÊ!". Saia da caixinha.

Por mais que invista em cursos e formações, isso tudo só terá valor agregado à sua vida se alinhar isso ao cotidiano com os alunos, senão será um monte de certificados de horas adquiridos e engavetados, o que somente vai sugar a sua energia positiva, porque não agregará sentido nessas capacitações, mas somente vai "ganhar pontuação e classificação".

VÁ PARA A PRÁTICA! Coloque para fora por meio de um bom planejamento o que você com certeza é capaz de desenvolver, elimine os "e se... e se...". Você dá conta! Você dá conta de explorar a melhor forma de eternizar conteúdo para os seus alunos. Então vá para a prática.

Como ir para a prática? Diariamente, construa a contextualização do tema para com a realidade de vida da sua sala de aula, do seu público. É a famosa "aprendizagem significativa". Permita sempre que seus alunos falem e façam perguntas, e construa pontes com essas falas deles.

Como você deseja ir para um próximo nível se você não é aberto à reflexão de sua própria didática e se você sequer tem clareza do seu valor e identidade em sala de aula?

Se é para bater ponto todo dia, troque já de profissão. Mas se você quer ajustar a sua rota como educador, este é o momento. Você só será bom naquilo que INVESTE e PRATICA. O ser bom que digo é se tornar o melhor para você e aos seus alunos com o melhor que tem em mãos hoje. O ser bom é ter ciência do que quer transmitir. O ser bom é construir níveis de conhecimento e experiência profissional que vão gerar em você mais segurança para atuar em sala de aula.

Conforme foi citado, é preciso fazer escolhas diárias na sua prática de ensino e onde deseja atuar. Pare de jogar sonhos no lixo. Se você não lutar para ser bom no que faz, terá de aceitar qualquer opinião, terá de aceitar qualquer situação que lhe é imposta. O ser bom naquilo que se faz é porque não precisa competir com ninguém e nem provar aos demais que você é bom e faz o seu melhor. O seu nível de comprometimento e a visão positiva do que se faz geram bons frutos, que falam por si próprios.

Agora vamos para alguns pontos chaves:

"Ah, eu não tenho criatividade" – então comece a produzir criatividade saindo da caixinha, boa aula não se constrói só com materiais prontos ou artigos de papelaria, associe objetos que podem ter um ar criativo em diversos temas. Para ser criativo, você precisa ser um bom leitor. Afinal, a sua mente está cheia do quê?

"Ah, a minha oratória não é boa" – trabalhe a sua dicção. Quando criança, fiz um bom período de atendimento com fonoaudiólogos. Meu testemunho de vida e familiar mostraria que eu seria improvável como educadora. Desenvolva uma boa pronúncia e uma boa escrita. Invista em você. Mas também conheça o assunto sobre o qual lecionará, tenha referências e informações atuais. Não fique preso ao livro didático. Conhecimento é mais do que isso.

Permita-se! Somente você, professor, é o responsável por sua jornada. Não espere nada de ninguém! Você pode florescer onde você está, mas nada o impede de conhecer novos jardins. Pense nisso: novos lugares, novas pessoas, novos conhecimentos gerarão uma nova motivação em sua vida.

Ao ler este capítulo, se permita ser confrontado. Abra espaço dentro de si para o MOVIMENTO DE VIDA!

REFLITA AGORA:

1 – É o momento de você elogiar a si próprio. Não deixe essa oportunidade passar. Escreva características POSITIVAS da sua didática. Escreva um bilhete direcionado para si mesmo. "De: (seu nome), Para: (seu nome). O seu 'EU' agradece." Não é orgulho, é potencialização da sua AUTOESTIMA! Pare de esperar dos outros. ESCREVA:

_____
_____
_____
_____
_____
_____
_____
_____
_____
_____
_____

Ativando memórias transformadoras

Você pode florescer onde está, mas nada o impede de conhecer novos jardins.

Exercite seu cérebro – potencialize as suas palavras:
Escreva aqui uma memória linda, engraçada, dinâmica, legal ou emocionante que você viveu em sua prática em sala de aula. Relembre!

_____
_____
_____
_____
_____
_____
_____

CAPÍTULO 4

Ampliando o campo de visão da profissão

Não dá para negar que mais do que nunca vivemos na era digital. Seja qual for a sua profissão ou ramos de atuação, quem não estiver inserido no mundo digital ficará para trás.

E falando sobre educação, eis uma pergunta para você responder neste exato momento:

— Quais aspectos têm colaborado para que você se acomode em sua carreira profissional?

Nosso cérebro é apaixonado por "comodismo", explicitamente a "zona de conforto". Por isso, todas as vezes em que nos dispomos a aprender algo novo, com certeza o novo assusta, o novo gera insegurança, o novo gera "desdobramento", até certo "desgaste" muitas vezes, porque estamos saindo de um rio contínuo e indo para novas e desconhecidas correntezas.

Mas pensando na "recompensa", é no FAZER E APRENDER algo novo que encontramos as nossas respostas. É com essa postura que ganhamos uma nova energia, conforme vamos adquirindo o "armamento" necessário para engajar em algo novo.

Não podemos negar que professores em todo o nosso Brasil têm um salário que não se ajustará nunca à missão de vida de um educador. O quanto um professor trabalha, vive acumulado em trabalho, e ainda investe em sua própria formação.

Tudo isso já sabemos. Mas só reclamar, acomodado há anos na mesma atuação, não vai mudar a sua vida.

Nem todos gostam de serem chamados para esse confronto. Mas em dado momento da vida. Em dado momento na área profissional, ele se faz necessário.

Se você tem se acomodado por questões como:

1. "Não tenho condições de fazer/viver algo diferente". Pare de viver de condição. Decida ser e viver diferente. Hoje temos livros, materiais acessíveis na internet, busque alternativas para você.
2. "Já estou acostumado com o ambiente em que atuo". Não caia nessa. Valorize seus companheiros de trabalho, de profissão. Mas você precisa viver em novidade de vida. Faz-se necessário ampliar a sua rede de contatos, fazer *networking*, conhecer novas pessoas, pois só assim se vive novas experiências.
3. "Eu tenho medo de tentar algo novo e dar errado". Se você não tentar, nunca saberá. É como diz o ditado popular: "Quem não arrisca, não petisca". A questão não é você errar. Somos humanos, e vamos errar muito até o final da nossa jornada. É sobre você aprender com seus erros e prosseguir sempre em crescimento contínuo. Não se esconda atrás da barreira do perfeccionismo.
4. "Eu não quero me expor". Não pense assim. O mundo precisa da sua experiência. Cada educador tem a sua didática, tem relatos únicos da sua jornada. Você pode alcançar mais pessoas compartilhando seus conhecimentos. Aliás, promova conhecimento!

Essas observações foram feitas para que você reflita sobre a sua vida profissional. Há educadores que ficam por anos e anos atuando da mesma maneira. Usando os mesmos planos de aula, a mesma sequência didática, os mesmos materiais, e só reclamando das condições salariais e gestoras da rede de ensino à qual pertencem.

Não vai adiantar essa reclamação. Na verdade, é você educador quem precisa inovar, tomar novos rumos, andar no ritmo digital. Porque você não pode esperar que outros tomem a sua causa. Isso gera frustração e desmotivação.

Por experiência própria, estou vivendo uma nova fase em minha vida como educadora e como empreendedora. Estou ainda no início de tudo isso. Escrever um livro, por exemplo. Imagine se eu só escrevesse o meu primeiro livro quando tudo em minha vida estivesse perfeito? Impossível! Imagina se eu pensasse assim: "Só quando eu estiver com mais de 200 mil seguidores no Instagram e com uma carreira digital como educadora altamente fluente e rentável é que escreverei o meu primeiro livro". Não é assim. Você e eu precisamos "explodir" nesse universo da educação. Você, assim como eu, já tem uma mensagem PODEROSA para ser transmitida. Comece! Comece!

Pois, por anos, eu também pensava dessa forma. Mas como é gratificante vencermos essas barreiras cerebrais instaladas há anos e anos em nossas mentes.

É maravilhoso atuarmos na sala de aula. Mas essa não precisa ser a ÚNICA forma de atuar na educação e nem a nossa ÚNICA fonte de renda. Faz muito bem, traz autoestima monetizar outras formas de lecionar/ensinar. Você precisa crescer, rentabilizar com outras formas da área educacional e, ao mesmo tempo, ganhar energia, compartilhando a sua missão de vida.

Muitos educadores têm experimentado novos caminhos, vejamos alguns:

- Instagram e Facebook dinâmicos;
- Canais do YouTube;
- Cursos nas mais diversas áreas na plataforma da Hotmart;
- Lançamentos de *e-books* em plataformas variadas;
- Lançamento de livro físico em livrarias.

As oportunidades são imensas e estão aí para todos nós. Basta acreditarmos em nosso potencial. Tirar essa visão de "professor desvalorizado e desmerecido". Alcance voos mais altos em sua vida!

Você pode pesquisar inúmeras oportunidades a partir da sua formação acadêmica. Aqui, você pode partir de duas linhas de ensino/aprendizagem: a pedagogia e a andragogia.

As duas, podemos definir como teorias ou ciências de práticas educativas. Mas a pedagogia contribui com a sistematização, produção de conhecimentos do currículo educacional básico brasileiro, desde a primeira infância e as etapas do ensino básico até EJA – Educação de Jovens e Adultos, concentrando-se nas habilidades iniciais e primordiais da escrita e leitura.

Já a andragogia envolve a educação continuada, no que diz respeito à realização pessoal e profissional do indivíduo. Trabalha com as especificidades do adulto como: autonomia, contextos, experiência de vida, objetividade e valor agregado.

Essa clareza entre a pedagogia e a andragogia é importante, porque pode ser o seu norte para ampliar o campo da sua profissão como educador.

Você, ao longo de sua carreira como educador, pode ter tido um início na educação infantil, e nesse momento, com tantas experiências vividas, pode produzir um excelente conteúdo para, hoje, ensinar adultos!

Pense nestas questões:

- O que eu faço muito bem na minha carreira profissional de educador (preparação de conteúdos, comunicação com os pais e outros colegas educadores etc.)? Há muitas famílias precisando de orientação parental, de vários atendimentos. E você, educador, sabe bem disso.
- Dentre as habilidades diferenciadas em minha vida, quais delas eu poderia monetizar, ensinar a outros e disso fazer um conteúdo produtivo?

Inclusive a sua TRANSIÇÃO DE CARREIRA entra neste capítulo. Você nunca vai deixar de ensinar, de transmitir conhecimento, mesmo em outra área de atuação e empreendedorismo. O ensinar faz parte da sua essência e nenhuma experiência em sala de aula foi em vão. Professor, você é um comunicador e o mundo espera por você!

Você não nasceu para fazer e viver as mesmas coisas sempre. Merece viver experiências novas em todas as áreas de sua vida. O dia todo em sala de aula, como eu por anos e anos vivi, fiz com muito amor e dedicação, doando 100% do meu tempo, e isso acabou por ser bom na sala de aula, mas em outras áreas perdi muito. Devido ao desgaste dos bastidores da vida de um professor. Então em muitos momentos estive triste, abatida, deprimida e doente... Você pode alternar entre sala de aula e contraturno uma nova experiência na área educacional.

Pois é fundamental nos atentarmos sempre à nossa QUALIDADE DE VIDA! Qualidade de vida promove mais engajamento em tudo que se faz, mais disposição física e mental, e lembrando que: somos humanos. Há uma vida abençoada, plena, da qual cada ser precisa desfrutar, mesmo diante das adversidades da vida. Não viva só "terceirizando" os melhores momentos e os melhores anos de sua vida. Precisamos aprender a viver cada dia com mais equilíbrio e sabedoria. Fazer terapia, cuidar da minha saúde emocional, me ajudou muito a chegar até aqui. Nós ouvimos muitas queixas escolares e familiares, precisamos também ser escutados e acolhidos. Porque senão só visualizamos problemas e não oportunidades. Só nos acomodamos, dizendo: "Ah, é assim mesmo...". Da sua experiência, você precisa gerar oportunidade, crescimento e atualização da era que vivemos como sociedade.

Hoje, eu acumulei muita experiência e conhecimento. E de outras maneiras vou continuar a espalhar vida como educadora. Compreenda que você não pode só pensar nas pessoas. Você precisa pensar em você em primeiro lugar. Pois você estando pleno e satisfeito, você sempre irá almejar novas experiências, pois vai descobrir o potencial extraordinário que há dentro de você, e aí, sim, vai ensinar pessoas como nunca!

É subir sempre mais um degrau, e com constância. É alcançar mais vidas!

Eu fiz com tanto amor e dedicação cada aula nesses quinze anos, eu vivi tantos desafios, estendi a mão a tantas famílias, acompanhei tanto os meus alunos, sempre dando o meu melhor, mas hoje eu compreendo o novo momento em que vivo, e me dei a oportunidade de viver algo novo.

REFLITA AGORA:

1 – O primeiro passo aqui é você refletir sobre o momento em que está vivendo. Como está este cenário dentro de você? O que mais tem incomodado? Você está plenamente satisfeito com sua atuação profissional? Ou você tem vivido só seguindo a vida, seguindo o "curso do rio"? Sempre precisamos fazer esta autoavaliação.

_____
_____
_____
_____
_____
_____
_____
_____
_____

2 – Escreva uma lista de dons e talentos que você tem, e o que gostaria de fazer com eles. Como seria monetizar tudo isso? Digo monetizar porque todos nós merecemos viver com dignidade, colhendo os frutos de nossos investimentos em todos os sentidos.

_____
_____
_____
_____
_____
_____
_____
_____
_____
_____

*Não despreze seus pequenos começos.
Não desvalorize o melhor que você pode
fazer em muitas situações na sala de aula.
Não estacione!!!*

Exercite seu cérebro – potencialize as suas palavras:
Você leu até aqui este livro, você está aberto a uma mudança de vida e na forma de atuar como educador? O que você mais absorveu até o final deste quarto capítulo?

_____
_____
_____
_____
_____
_____
_____
_____
_____
_____
_____

O menino e a estrela-do-mar (autor desconhecido)

Era uma vez um homem que vivia perto de uma praia. Todos os dias, quando acordava, a primeira coisa que fazia era dar uma volta pela areia. Um dia qualquer, ficou muito surpreso com o que encontrou no seu passeio matutino. Havia centenas de estrelas-do-mar jogadas por toda a costa. Era muito estranho. Talvez o mau tempo ou os ventos de novembro fossem os responsáveis por esse fenômeno.

O homem lamentou a situação. Ele sabia que as estrelas do mar não conseguiam viver mais de cinco minutos fora d'água. Todas essas criaturas morreriam em pouco tempo, se é que já não estavam mortas enquanto ele caminhava ao lado delas. "Que triste!", pensou. No entanto, não veio à sua mente nenhuma ideia inspiradora.

Ao avançar um pouco, viu um menino que estava correndo de um lado para o outro na areia. Ele estava agitado e suado. "O que você está fazendo?", perguntou o homem. "Estou devolvendo as estrelas ao mar", respondeu o menino, que estava muito cansado.

O homem pensou por um momento. Ele achou um absurdo o que o menino estava fazendo. Não conseguiu segurar o impulso de dizer o que pensava. "O que você está fazendo é inútil. Eu caminhei por um longo trecho e há milhares de estrelas. Não tem sentido fazer isso", declarou. O menino, que tinha nas mãos uma estrela-do-mar, respondeu:

"Ah! Com certeza tem sentido para esta!".

CAPÍTULO 5

Propósito e legado

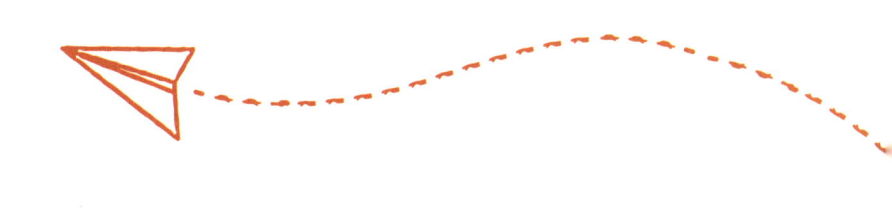

Vamos começar com uma pergunta.

Durante o trajeto de sua casa até a sala de aula, qual sentimento você tem a cada dia de trabalho?

Se você vai se "arrastando", como se estivesse com uma carga excessiva de peso, é porque lhe falta a compreensão do significado profundo de duas palavras-chaves da vida de um ser humano: propósito e legado. Quando compreendidas, mudam completamente nossos campos de visão como educadores.

O propósito é a MISSÃO de vida maior. É a razão de você percorrer essa trilha da vida todos os dias, suportando todos os desafios. É o que agrega o valor a esse ato diário. O propósito revela o nosso "mundo interior", o que pulsa dentro de nós. Ninguém vive uma vida plena sem ter clareza do seu propósito de vida. O propósito é interligado com a nossa essência, manifesta o que há de melhor em nós.

O legado é o que você e eu vamos deixar para essa geração e para a próxima. É o resultado da sua MISSÃO. O legado não pode ser apagado pelo tempo... Está conectado ao mundo exterior, aos que vivem ao nosso redor primeiramente e depois pode ter o poder de alcançar inúmeras pessoas.

Ativando memórias transformadoras

Legado refere-se à herança. É a consequência que será transmitida a outros com base no seu propósito de vida. Por isso é importante você canalizar de forma correta a energia de sua profissão. Porque talvez hoje, você, educador, por estar vivendo no "piloto automático", seu campo de atuação tenha perdido o sentido, e suas energias estejam sendo desperdiçadas com MESMICE e ESCASSEZ:

- "Vou me conformar com meu salário de professor".
- "Pelo menos tenho algumas aulas".
- "Todo o ano a mesma coisa".

Canalize a sua energia de forma correta para a expansão do seu PROPÓSITO e LEGADO; o caminho a ser trilhado por você nessa missão de vida vai sendo desbravado e você começará a enxergar novas oportunidades. Busque traçar estratégias para conquistar suas vitórias, enquanto sua energia vai sendo canalizada para ser como uma flecha, que almeja acertar um alvo ao centro, mesmo a distância, mas, com precisão, sabe que irá acertar!

O primordial aqui é se autorresponsabilizar por observar a sua trajetória até aqui e avaliar o que não está realizando você pessoalmente e profissionalmente. O ponto de partida é você refletir sobre seu estado atual e prática de ensino.

Não feche a sua mente para frases que já viraram "clichês", jargões na área da educação. Não se mova para frases como:

- "Professor no Brasil não tem valor";
- "Professor só é explorado em nosso país";
- "Nunca somos reconhecidos por tudo o que fazemos".

Ative a sua identidade. Ative o melhor que há em você. Estabeleça uma meta de trocar essas frases que têm sido a "sentença" decretada de muitos educadores por palavras e ações produtivas, que gerem crescimento em todos os sentidos da sua vida, a ponto de se expandirem para a sua profissão.

Hoje, está lecionando para uma certa idade, amanhã, com a bagagem que você tem, você pode transbordar na vida de outro educador que está iniciando na carreira, dali a pouco, cresce absurdamente sem perceber, e seu campo profissional atinge tantas pessoas e tantos lugares que você jamais poderia imaginar, sem contar que hoje você ESTÁ como educador, e amanhã você pode passar por uma transição de carreira, mas a pedagogia, a prática educacional, estará ali, sendo uma raiz firme que lhe deu bases e conhecimentos.

Então não desperdice mais um dia sequer! Seja fiel ao seu propósito e ao seu legado, porque você tem potencial para IMPACTAR vidas!

Comece o exercício mental diário de AUTOAFIRMAÇÃO:

- "Por onde eu passar, por cada escola e sala de aula, eu farei a diferença na vida das pessoas";
- "Eu quero ser um incentivador de vidas";
- "Quero ensinar muito mais que conteúdos, quero atingir o coração do meu aluno!";

Eu amo demais o versículo bíblico de Provérbios 11:25, que diz:

- "A alma generosa prosperará e aquele que atende também será atendido".

O que é ser generoso para você?

Já parou para pensar nisso?

A generosidade é uma virtude alinhada à bondade. Ela é dotada e manifesta em sentimentos nobres. E só pode vir de um caráter íntegro e humanizado.

O generoso se atenta ao necessitado, o generoso compartilha, transborda vida na vida de outras pessoas. Não existe uma pessoa transbordante que não viva prosperidade. Quanto mais você compartilha vida, boa índole, caráter, conhecimento e generosidade, esse sentimento irradia cada vez mais tudo o que você faz! É gigantesco e tremendo refletir nisso!

Seja generoso com os seus alunos. Se você neste momento ainda está em sala de aula, lembre-se: VOCÊ ESCOLHEU. Pare de "bater cartão", como se diz, bata na porta do coração dos seus alunos, ajude-os com inteligência emocional a desenterrar seus dons e talentos para servir e manifestar vida em sua sociedade.

Enquanto estamos dentro de uma escolha que fizemos, precisamos honrá-la. Porque vamos colher a nossa semeadura. Hoje, com 15 anos em sala de aula, eu vejo a minha trajetória, e posso refletir o quanto eu evoluí e aprendi. Errei demais! Erro ainda... Não sou perfeita.

Mas uma coisa é certa: eu não sou mais aquela educadora do início da carreira. Não sou mais aquela Gabriela. Eu não sou mais aquela professora que tinha a visão da educação de 15 anos atrás. Hoje, sou diferente e assim quero prosseguir! Isso é ser inteligente e saudável emocionalmente!

E, dessa forma, vou evoluir para outros rumos em minha vida. Guarde três palavras-chaves deste quinto capítulo:

- **Propósito:** amplitude de tudo o que você faz, o sentido, a grandeza da sua missão.
- **Legado:** a marca, a herança que você deixa nessa geração e na próxima. Tenha certeza, irão falar de você! Então gere vida!
- **Generosidade:** é diária! É o transbordo na vida das pessoas: família, amigos, alunos, é o seu ato de levantar outros, é como você contribui em vários sentidos com a vida das pessoas que passam por você, pode ser em vários aspectos. A fonte da generosidade nunca pode parar de jorrar, senão você vive mecanizado, no "piloto automático" da vida.

Não aceite menos que a excelência em seu propósito!

Comemore suas vitórias, seus resultados diários, isso é motivacional e vai ajudar você a aprumar o seu caminho na educação. Viva o seu processo de descoberta, é na caminhada que nossos maiores potenciais na vida são revelados.

REFLITA AGORA:

1 – Você já tinha tido um olhar profundo da sua missão como professor? Do propósito e legado no seu dom de ensinar?

_____
_____
_____
_____
_____
_____
_____

Seja fiel ao seu propósito e ao seu legado, porque você tem potencial para impactar vidas!

🧠 *Exercite seu cérebro – potencialize as suas palavras:*
Seja inteligente emocionalmente. A sua vida é construída por suas escolhas. Se você, ao ler este livro, decidiu continuar atuando como professor em sala de aula, seja qual for o segmento, escreva baseado em suas características únicas: qual será o seu propósito daqui em diante? Qual legado pretende deixar para essa geração que você hoje ensina?

_____
_____
_____
_____
_____
_____
_____
_____
_____
_____
_____
_____
_____

Minhas memórias em sala de aula, trazendo leveza ao dia a dia

ABC

Tudo tem um tempo determinado. Nada do que vivi em sala de aula é em vão. Confira algumas aventuras, algumas situações inusitadas que só um professor pode viver em sala de aula. Porque, daqui em diante, a escolha é só sua! A forma como você vai atuar é responsabilidade sua.

A big barata voadora

Atuei em uma escola particular em Assis por muitos anos. E essa turminha da educação infantil era demais! Essa aventura foi no ano de 2016. Numa tarde qualquer, todos em grupo sentados nas mesinhas e eu explicando a atividade da apostila, minha aluna Catarina muito faladeira levantou a mão, e eu já me antecipei: "Calma, Catarina, estou terminando de explicar". E voltava a explicar a apostila, as imagens...

Dali a pouco, a Catarina levantou a mão de novo: "Tia Gabi, eu queria falar uma coisa...". Eu de novo: "Calma, Catarina, deixa eu terminar de explicar". E lá seguia eu com as imagens do assunto da aula...

Novamente, pela terceira vez: "Tia Gabi, é sobre uma coisa que você não gosta...". E as crianças estavam com umas caras estranhas. O pior era a cara de um dos menininhos da sala... Um sorriso maroto, muito estranho...

Então eu falei: "Como assim, Catarina? Então fala".

Catarina apontou o dedo para mim e disse: "Tia Gabi... olha atrás de você!".

Quando eu olhei para trás, na cortina tinha uma *big*, mas *big*, *big* barata voadora, grande e cascuda!!! E falei: "Por que vocês não me avisaram antes?". Catarina: "Tia, eu estava tentando, né?".

Larguei a apostila que estava segurando e disse: "Salve-se quem puder!!! Eu não vou ficar aqui, tchau!!!!". Nisso corri para fora e chamei a cozinheira, ela não topou matar a baratona, então peguei o veneno no almoxarifado, mas não tive coragem. As meninas saíram comigo para fora da sala, os meninos, na porta vendo a movimentação, mas aquele meu aluninho sarrista se acabava de rir e batia bem forte as mãos na mesa, e eu gritava: "Pare, por favor, de bater na mesa, ela vai voar! Pare! Você quer que ela voe na tia Gabi?".

Para que fui fazer essa pergunta... Ele me disse: "Eu quero! (morrendo de rir). Eu não tenho medo dessa baratona, eu acho legal ela voar!".

Misericórdia, e ele batia aquelas mãos na mesa, então chamei a auxiliar da limpeza, muito corajosa pegou o veneno, e começou a jogar, e a barata voando, aquela correria, eu já longe observando tudo, e ele morrendo de rir e a barata voando para lá e para cá, e ele no meio. Gritei: "Sai daí menino, olha o veneno, faz mal!". Ele então saiu andando com calma, na boa (INACREDITÁVEL). As crianças foram para o pátio, e nós acabamos com o frasco inteiro de veneno (porque espirrávamos de longe, risos), até que a barata caiu no chão e chamei os meninos da sala: "Acabem com ela!!!". Pisaram tanto, mas tanto, mas tanto, que quase nem existiam mais os restos mortais daquela *big* barata voadora cascuda.

Enfim, tivemos aula no pátio, com os estojos e apostilas, nos sentamos em círculo, o cheiro de veneno era tão forte, que não dava para voltar à sala de aula. As crianças riram de mim a tarde inteira... Esse meu aluninho... sem condições, ele se divertiu com a situação. Ainda escutei várias vezes da Catarina: "Tia Gabi, eu estava tentando te avisar... Eu sei que você tem medo e não gosta de barata...". Pois é... tive de me render à Catarina, ela estava certa. No outro dia, essa história continuou sendo motivo de risos e muitos risos.

A função da janela

Numa tarde linda e ensolarada, no ano de 2010, acredito, lá estava eu com minha turminha de três anos de idade, sentada em círculo, cantando as cantigas de roda. Até aí tudo bem. Em dado momento, fechamos os olhinhos para agradecer por aquela tarde maravilhosa, e que íamos nos divertir e aprender muito.

Então um aluno meu soltou um pum, mas bem sonoro mesmo. E as crianças continuaram a agradecer, mas já soltando uma risadinha, bufando sabe, quando você quer rir e não pode. Esse meu aluno continuou disfarçando, como se nada tivesse acontecido, e eu também, né?

Mas criança não deixa passar nada. Uma aluninha disse: "Pelo amor de Deus! Que peido, né?! Que pummmm!!!".

Para que ela foi falar... Começou todo mundo a falar desse pum e falavam sem parar (o cheiro estava bravo mesmo, risos). E meu aluno começou a chorar, constrangido, e pensei: "Tenho que livrá-lo dessa situação, mas como?".

De repente, veio a ideia: "Crianças, observem essa grande janela em nossa sala de aula. Ela foi inventada para casos de pum. Seja pum na família, na escola, em todo o lugar".

As crianças: "Tia Gabi, por causa disso que inventaram a janela?". Outros: "Tia Gabi, eu não acredito nisso, não!".

Firme na minha ideia: "Sim, a janela tem uma função especial. Veja, ela nos permite observar o que tem no outro lado, ela permite que o ar fresco entre, e ela é um canal de fuga de todo o pum existente. Então nosso amiguinho soltou um pum, como os seres vivos: animais e seres humanos soltam pum, e faz parte da vida. Os animais já soltam ao ar livre, nós procuramos lugares arejados".

A aula teve, no momento da roda, o tema central: PUM. E o debate estava instalado, eu que lutasse. A garotinha continuava: "Mas tia, que pum barulhento e fedido, minha mãe falou que não pode soltar pum perto das pessoas, tem que sair de fininho e ir pra outro lugar!".

Professora livrando a barra do aluno: "Minha querida, seu amiguinho soltou o pum, porque o pum pediu para sair, e ele não queria o pum triste, não deu tempo de sair de fininho, quem sabe, na próxima vez. O pum vendo essa tarde ensolarada e uma grande janela em sala de aula foi mais forte do que ele".

Meu aluninho que soltou o pum já estava se divertindo com a situação e defendendo o seu próprio pum. E encerramos o assunto, após muito debate na linguagem infantil. Pum é vida, faz parte da vida, numa próxima, quem sabe, dá tempo de sair de fininho e ir pra um outro lugar, né? Crianças não deixam passar nada, professor que lute!

Areia dentro dos tênis

No ano de 2019, dei aula para uma turminha do maternal II, crianças com 3 a 3,5 anos de idade. E, num dia corriqueiro, fomos ter um tempo brincando no parquinho. Sempre deixei as crianças à vontade (voltando para casa iguais a um tatuzinho, com areia da cabeça aos pés, sinal de que curtiram muito).

As crianças tiraram os calçados e as meias, deixaram num cantinho perto do tanque de areia e foram brincar no gramado do parquinho. Deram uns minutinhos, apareceu a aluna e perguntou: "Tia Gabi, será que cabe toda a areia do parquinho dentro dos tênis dos amiguinhos?" (ela sempre tinha umas ideias tremendas!). Eu respondi: "Eu não sei, mas você tem que dar um jeito de descobrir!" (nunca fico podando meus alunos).

Dali a pouco, ela resolveu colocar areia dentro dos tênis dos amigos. Foi organizando os calçados e ia enchendo um a um. Engraçado, era motivante ver a experiência científica e matemática que ela estava construindo. Lembro que até comentei com a minha estagiária. E ali só observávamos. E eram muitos calçados...

Apareceu outra aluninha: "Mas o que é que você está fazendo?". Ela estava inconformada (risos). Eu ali do lado, dando uma de "João sem braço", acompanhando o diálogo inocente de duas pequeninas crianças.

Então ela respondeu: "Ué, eu tô vendo se essa areia toda cabe dentro dos sapatos dos amigos!". A outra amiguinha estava muito encucada (risos).

Mas minha aluna nem brincou, estava concentrada em sua missão, que já era mais que uma brincadeira, né? Muito aprendizado. Acabaram-se os calçados dos amigos e ela disse: "Tia Gabi, eu descobri que não cabe toda a areia do parquinho nos sapatos dos amigos, é muita areia".

O que seria um motivo para dar uma bronca no aluno, como: "Para de fazer arte, vai brincar, larga esses sapatos quietos aí! Não inventa de pôr areia coisa nenhuma!".

Tornou-se um estímulo para a descoberta da aprendizagem. Lembrando que era o primeiro ano dessa minha aluna na escola, no começo a adaptação foi um desafio, que tanto a família como eu tivemos que ter bastante paciência, e depois vê-la frutificando ao longo do ano foi maravilhoso!

A meleca de cocô

Nesse mesmo ano letivo de 2019, essa turminha era cômica, eram muitas "pérolas" que aconteciam na sala de aula (risos). Tinha um aluno que não tinha saído da fralda totalmente. O xixi estava mais craque, mas o cocô ainda era um desafio. Assim, junto à família, fomos estimulando, encorajando a ficar totalmente sem fralda, pois sabíamos do potencial dele.

Certo dia, faltando uns quarenta minutos para irmos embora, ele disse: "Tia Gabi, meu cocô tá saindo!". Eu rebati: "Corre pro banheiro que vou pegar o papel e o lencinho umedecido, e já vou lá". Nisso, fui pegar o rolo de papel higiênico na minha mesa, e abri a mochila dele para pegar o lencinho umedecido.

Fui tranquila andando em direção ao banheiro dos meninos. Quando cheguei à porta do banheiro, o CHOQUE! Fiquei estática só olhando... Vi o aluno com as mãos cheias de cocô limpando na pia, ao mesmo tempo tentando limpar a mão na roupa, tentando resolver o problema dele. O vaso sanitário sem condições... Era meleca de cocô para todos os lados. E eu fiquei ali observando, mantendo a calma, pois ele tinha dado o passo de me comunicar que queria fazer cocô e ele foi ao banheiro. Ele merecia um incentivo.

Aí ele me viu e perguntou, passando a mão de cocô no rosto e depois no cabelo... "Tia Gabi, você vai ficar brava comigo?". Minha cabeça balançava para lá e para cá (por dentro, confesso que queria rir). E respondi: "Não, não vou, está nas mãos de Deus". Nisso, ele tinha feito cocô fora do vaso e pisou.

Falei para ele: "Nesse banheiro não tem chuveiro, você precisa tomar banho. Mas não posso te pegar no colo do jeito que você está porque vou para outra escola. E o portão vai abrir, olha lá as famílias chegando para irmos embora. Você vai atravessar o pátio correndo, vamos para o chuveiro da creche, ok?".

"Tia Gabi, olha como eu tô melecado de cocô".

"Fica tranquilo, vai correndo sem olhar pros lados, vai dando risada, muita risada, vai correndo".

Assim, ele atravessou o pátio correndo e dando risada, ninguém, nenhum funcionário entendia nada, só o cheiro... Gritei para a estagiária: "Cuida aí da turma, já voltoooo!".

Chegando ao banheiro da creche, uma outra funcionária e eu fomos dar banho nele, era na orelha, no cabelo, em todo o lugar uma meleca, mas tomou um banho caprichado. Nós todos rindo muito ali no chuveiro. Colocamos as roupas, o calçado, tudo numa sacola. Voltamos dando risada para a sala de aula. Aí expliquei para a família, na hora de ele ir embora. A família riu muito da situação, imaginando a cena toda... O importante é que ele teve a iniciativa de pedir para ir ao banheiro, não é mesmo?

Depoimentos de famílias

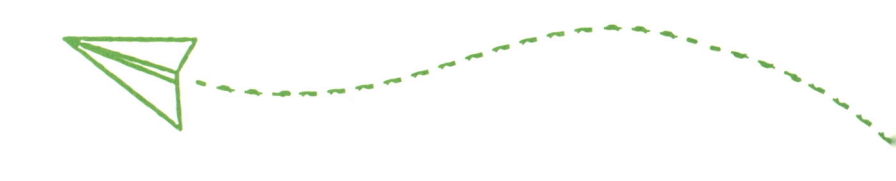

A gente entra na escola muito cedo, e lá se torna o nosso segundo ambiente, em que a criança desfruta, sendo disponibilizada para ela ensinamentos como ler e escrever e o da convivência. A cada ano, há desafios diferentes para os alunos, dentre todos, quem será o professor que passará o ano letivo com eles.

Mesmo depois de concluir o ensino médio e estar na faculdade, é impossível não considerar as pessoas que foram importantes na minha vida e quem me ajudou a vencer as adversidades, mesmo que ainda eu fosse uma criança.

A professora Gabriela representa para mim a figura de amor e de carinho, que mesmo depois de tê-la reencontrado, após 12 anos, eu tinha a certeza de que seria recebido com aquele abraço e olhar cheio de cuidado. Como professora, ela ultrapassava as barreiras da sala de aula e entrava na família do aluno, para poder encontrar a melhor forma de compreendê-lo. Tenho bem nítida a despedida da sala de aula, onde recebemos uma bíblia do Novo Testamento e um cubo mágico de presente. Eu fui embora chorando após a aula, e a minha avó disse: "Vai ser difícil encontrar uma professora como a Gabriela", e minha avó estava certa.

Todos os dias, ela lia histórias para nós alunos, e dava abertura para desenvolvermos diálogos e a imaginação sobre o que havia sido lido, fazendo cumprir o papel da literatura na vida da criança. Dentre esses livros, o que mais me marcou foi o Devocional da Turma do Smilinguido, em que era lida uma aventura diária da turminha, sempre antes de a aula começar. Eu me perguntava qual seria a história que seria lida e o que ia acontecer amanhã.

Hoje, com meus 21 anos de idade, tenho orgulho de saber que fui aluno dessa profissional e que faço parte dos seus frutos como aluno, profissional, ser humano e, futuramente, biomédico.

Professores são fundamentadores do caráter do futuro.

Felipe da Silva Francisco
foi aluno da professora Gabriela em
2009 – 3º ano do ensino fundamental,
2010 – 4º ano do ensino fundamental.

•••

Conheci a professora Gabriela no ano de 2018, quando matriculei meu filho de 2 anos e 10 meses na escolinha do meu bairro. Foi uma decisão difícil, pois ele ainda não se comunicava pela fala e não se socializava bem com crianças da mesma idade. Ele nunca havia passado muitas horas longe de mim, então a adaptação não foi nada fácil e, no primeiro dia de aula, pudemos concluir que realmente seria um desafio.

Nas primeiras semanas, ele chorou muito, e só se acalmava no colo ou se ficasse muito próximo da professora, foram dias de muitas dúvidas da minha parte, pensava o tempo todo se eu estava fazendo a coisa certa, pois ele chorava muito, além de não brincar com outras crianças, eu pensava se deveria fazer meu filho passar por todo aquele "desconforto", porque ainda havia a questão de uma possível investigação para TEA (Transtorno do Espectro Autista).

Um dia, resolvi ir alguns minutos mais cedo antes da saída e presenciei meu filho brincando sozinho em um canto, enquanto os outros amiguinhos brincavam com baldinhos de praia, ao ver aquela cena meu coração cortou, chorei no carro sozinha, também vi a Gabi ali ao lado o observando (pois isso era uma recomendação, para ver como ele se portava junto aos amigos).

Resolvi naquele momento que iria tirá-lo da escolinha, não por não confiar, mas por sentir que ele não se adaptaria, quando entrei na escola para pegá-lo, chamei a professora e disse que iria tirá-lo, mas afirmei que depois, quando ele completasse 4 anos, o matricularia novamente. A professora Gabriela, com todo amor e empatia, disse para mim que não era para eu desistir do meu filho, porque ela não desistiria. Aquelas palavras jamais vou esquecer, pois, além de aquecerem meu coração naquele momento, também me deram forças por todo o ano.

Meu filho foi diagnosticado naquele mesmo ano com TEA, e toda a intervenção necessária na escola foi feita pela professora, auxiliada pela profissional que o acompanhava. A Gabi fez muito mais que dar aula para meu filho no maternal, ela abriu o coração para receber meu filho e nossa família, e aquelas palavras tão singelas foram como acalanto para meu coração.

Meu filho, depois de alguns meses, se adaptou, evoluiu, aprendeu a se comunicar, socializar com crianças, e, mesmo com suas limitações, começou com o processo de sua independência, e posso afirmar que a professora Gabriela, com todo amor que ela dedicou a ele, foi uma parte essencial para todo esse progresso, a ela deixo minha eterna gratidão!

*Aline da Silva Knopp,
mãe do Miguel
Maternal II – Ano 2018.*

....

Tia Gabi, você é uma pessoa enviada por Deus para ter um papel de destaque na vida das crianças que passam por você. É uma professora que caminha com o tempo, sempre foi atenta às necessidades da Catarina e de todas as crianças que tiveram a chance de a conhecer. Espalha a paz, ensinando a importância do amor, do abraço e da oração na vida das crianças, e despertando a busca pelo novo, transformando crianças em cientistas!

Tia Gabi... A professora dos momentos registrados em fotos... A professora que estendeu a mão para cada medo da Catarina. Iniciou os diálogos, quando ela não tinha coragem de falar e abaixava a cabecinha, nos ajudou a prepará-la para a aventura da vida, forte e decidida do que quer!

Nunca foi uma professora que ensinou fórmulas e regras, mas que questiona e desperta para a realidade, para a busca do conhecimento. Ah, como eles amavam os projetos realizados nas sextas-feiras e como foi importante na vida da Catarina, pois a despertou pelo interesse no diferente, pelo aprendizado! Teve o cofrinho para as crianças da Casa da Acolhida de Assis, Projeto

Universo, Esqueletos, Cobras, muitas atividades com tampinhas *pet*, e um, em especial... dos Alimentos, que ajudou a Catarina a desenvolver o paladar e a vontade de experimentar um alimento novo.

Ensinou as primeiras palavras a serem escritas, os primeiros sinais da leitura, da matemática, a contar e a criar histórias (e ela ama isso até hoje, com quase 11 anos), a importância do esporte, prestigiando-a na sua apresentação de ginástica rítmica, e como ela ficou contente na hora em que a viu!

Você acompanhou por dois anos letivos a nossa princesa, nos quais o despertar pelo aprender e a formação do caráter, e as características dela, ainda estavam sendo formadas. A sua participação foi imprescindível e admirável. Obrigada, em especial, por alimentar a amizade entre os alunos dessa turminha e entre vocês. Você os ajudou a construir o que há de mais valioso: a verdadeira amizade entre os amigos da escola, que perdura até hoje, mesmo não estudando mais juntos. Esses sentimentos de proteção, atenção, respeito, companheirismo e amor são lindos. E isso fez a diferença na definição dos seres humanos que se tornaram.

E, nestas palavras, não poderia faltar a participação da estrela Catarina:

"Catarina, como você definiria a tia Gabi?".

Ela respondeu:

"Ah, a melhor professora. A professora da paciência para explicar 1.000 vezes a mesma coisa sem brigar".

Sabe, Tia Gabi, mostrei as fotos para a Catarina e ela falava assim: "Mãe, eu me lembro desse dia". E daí, ela contava os detalhes... anos se passaram, mas as memórias afetivas ficaram.

Deixamos um abraço apertadinho a você, Gabi... e a certeza de que nunca, nunca iremos te esquecer...

Flávia Roncato Frasson,
mãe da Catarina
Maternal II – Ano 2015,
Jardim I – Ano 2016.

• •

O que dizer da profissional e da pessoa Gabriela Biason? A qual minha filha Amanda teve a honra e a oportunidade de estudar, e hoje, após dois anos de pandemia, está sendo atendida particularmente no Acompanhamento Pedagógico, realizado em Clínica pela professora.

Gabriela é aquela profissional que inspira e incentiva o aluno; é engajada em sua carreira, uma pessoa que se preocupa com cada detalhe do desenvolvimento da criança, sempre inovadora com suas didáticas, que faz com que as crianças despertem cada vez mais interesse em se desenvolver e a aprender coisas novas, facilitando, assim, a construção do conhecimento.

Gabriela tem um jeito de ensinar que é único, o que a torna uma profissional espetacular, vai além das suas responsabilidades, sempre focada, inteligente, educada e paciente.

Espero que continue a sua caminhada de lutas diárias, com todo esse engajamento e dedicação. Que muitos profissionais possam se espelhar em seu profissionalismo.

Elizangela de Freitas Gouveia Souza,
mãe da Amanda,
Maternal II – Ano 2018 e acompanhamento
pedagógico em 2022.

Olá, nós somos Fernando e Carla Nascimento, e queremos falar um pouquinho das experiências que nosso filho Matheus teve no ano letivo de 2019, quando foi aluno da Tia Gabi no Jardim II.

Em seu início de vida escolar, ele ainda era bastante tímido, e sua individualidade foi muito bem explorada e respeitada durante as aulas, o que fez com que ele desenvolvesse habilidades sociais e conquistasse amizades. Outro destaque foi a ludicidade, a maneira agradável, fluída e dinâmica das aulas, isso foi fundamental para criar senso de responsabilidade, trabalho em equipe, curiosidade, criatividade e a fixação do aprendizado.

Por fim, por mais que possa soar um pouco piegas, o amor que a tia Gabi tem por seus alunos é indescritível. Foi fácil confiar os primeiros passos da alfabetização do Matheus aos seus cuidados! As lembranças dos tempos dos "pererecos" sempre são acompanhadas de muito carinho.

Somos gratos ao Eterno pela presença da Tia Gabi em nossas vidas. Oramos para que ela continue sendo usada nesta celestial missão de ensinar.

Fernando e Carla Nascimento,
pais do Matheus,
Jardim II – Ano 2019.

....

Sou a Edvânia, mãe da Samira. A minha filha Samira estudou com a professora Gabriela no Jardim II. Foi uma experiência maravilhosa! Porque a Samira nunca havia frequentado a escola. Ela foi muito bem recebida pela professora e pela escola. Com isso, surgiu uma grande amizade. A Gabriela soube compreendê-la, identificar as suas limitações.

Ativando memórias transformadoras

Teve muita paciência, muito carinho para com a minha filha. Desse aprendizado, essa amizade foi sendo cada vez mais fortalecida. Durante todas as dificuldades que surgiam, ela ensinava Samira a ter autoestima. Ensinava Samira a não desistir. E, assim, aqueles meses foram seguindo...

Samira guardou no coração todas as experiências que viveu naquele ano com a professora Gabriela. Elas se afastaram por um tempo, pois Samira foi para outra escola. Mas nunca essa amizade cessou. Agora, no início do ano de 2022, voltaram a se reencontrar, nos atendimentos de aulas particulares e de acompanhamento pedagógico que a Gabriela realiza em uma clínica.

Samira está se desenvolvendo cada vez mais em seu aprendizado escolar, está se superando! Pois está tendo mais uma vez a oportunidade de um aprendizado diferenciado, pois é além da escola, é para toda a vida!

Gabriela é uma pessoa maravilhosa, tem o dom de ensinar. Nasceu com esse dom! Só temos a agradecer. Nossa eterna gratidão! É uma professora excelente, que vive esse dom dado por Deus. E minha filha Samira conclui o depoimento, dizendo:

"Oi, tia Gabi, eu te agradeço por tudo o que você tem feito por mim. Beijos, Samira".

Edvânia Maria de Almeida,
mãe da Samira,
Jardim II – Ano 2018, e acompanhamento
pedagógico em 2022.

Galeria de fotos

Gabriela Vieira de Sá Biason

Ativando memórias transformadoras

Gabriela Vieira de Sá Biason

Ativando memórias transformadoras

Gabriela Vieira de Sá Biason

Ativando memórias transformadoras

Gabriela Vieira de Sá Biason

Ativando memórias transformadoras

Gabriela Vieira de Sá Biason

Ativando memórias transformadoras

Gabriela Vieira de Sá Biason

Ativando memórias transformadoras